BEI GRIN MACHT SICH IHR WISSEN BEZAHLT

AF136130

- Wir veröffentlichen Ihre Hausarbeit, Bachelor- und Masterarbeit

- Ihr eigenes eBook und Buch - weltweit in allen wichtigen Shops

- Verdienen Sie an jedem Verkauf

Jetzt bei www.GRIN.com hochladen und kostenlos publizieren

GRIN

Bibliografische Information der Deutschen Nationalbibliothek:

Die Deutsche Bibliothek verzeichnet diese Publikation in der Deutschen National-
bibliografie; detaillierte bibliografische Daten sind im Internet über http://dnb.d-
nb.de/ abrufbar.

Impressum:

Copyright © 2020 GRIN Verlag
Druck und Bindung: Books on Demand GmbH, Norderstedt Germany
ISBN: 9783346230157

Dieses Buch bei GRIN:

https://www.grin.com/document/910269

Naomi Binder

Einführung in die Psychologie. Forschungsmethoden, das psychologische Experiment, Berufsbilder und Anwendungsfächer

GRIN Verlag

GRIN - Your knowledge has value

Der GRIN Verlag publiziert seit 1998 wissenschaftliche Arbeiten von Studenten, Hochschullehrern und anderen Akademikern als eBook und gedrucktes Buch. Die Verlagswebsite www.grin.com ist die ideale Plattform zur Veröffentlichung von Hausarbeiten, Abschlussarbeiten, wissenschaftlichen Aufsätzen, Dissertationen und Fachbüchern.

Besuchen Sie uns im Internet:

http://www.grin.com/

http://www.facebook.com/grincom

http://www.twitter.com/grin_com

Einsendeaufgaben

Einführung in die Psychologie

Alternative B

SRH Fernhochschule – The Mobile University

Modul: Einführung in die Psychologie

Von

Naomi Binder

Inhaltsverzeichnis

Inhaltsverzeichnis...2

Abkürzungsverzeichnis...3

Abbildungsverzeichnis..3

1. Aufgabe B1..4
1.1 Erläuterung psychologischer Forschungsmethoden...........................4
1.2 Einordnung in das Spektrum interner und externer Validität.................6

2. Aufgabe B2..9
2.1 Das psychologische Experiment als „Königsweg" in der naturwissenschaftlich geprägten Psychologie................................9
2.2 Nachteile psychologischer Experimente im Vergleich mit anderen sozialwissenschaftlichen Methoden...................................10
2.3 Vorteile psychologischer Experimente im Vergleich mit anderen sozialwissenschaftlichen Methoden...................................11

3. Aufgabe B3..13
3.1 Erläuterung drei verschiedener Berufsbilder in der Psychologie...........13
3.2 Widerspiegelung psychologischer Grundlagen- und Anwendungsfächer in diesen Berufsbildern...15

Literatur- und Quellenverzeichnis..19

Abkürzungsverzeichnis

Abb.	Abbildung
bspw.	beispielsweise
bzw.	beziehungsweise
S.	Seite
uvm.	und viele mehr
Vgl.	Vergleiche
z.B.	zum Beispiel

Abbildungsverzeichnis

Abb. 1   Wilhelm Wundt (links) und das erste psychologische Labor an der
Universität Leipzig...10

Abb. 2   Arbeitsformen, Angebote und Zielgruppen der Kinder- und
Jugendhilfe in Deutschland...15

1. Aufgabe B1

1.1 Erläuterung psychologischer Forschungsmethoden

Beginnend mit **quantitativen Forschungsmethoden** werden im Folgenden beispielhaft einige psychologische Verfahren kurz erläutert. Quantitative Methoden finden meist Verwendung, wenn bereits Theorien bestehen und man Klarheit gewinnen möchte über Zusammenhänge und Unterschiede zwischen verschiedenen Variablen der Untersuchung.[1]

Unter einem **Experiment** wird laut Walter Hussy „die systematische Beobachtung einer abhängigen Variablen unter verschiedenen Bedingungen einer unabhängigen Variablen bei gleichzeitiger Kontrolle der Störvariablen, wobei die zufällige Zuordnung von Probanden und experimentellen Bedingungen gewährleistet sein muss"[2] verstanden.

Als unterschiedliche Ausführungsvarianten eines Experiments sind das **Quasi-Experiment, Laborexperiment oder Feldexperiment** zu nennen. Diese unterscheiden sich unter anderem durch die willkürliche Zusammenstellung der Experimental- und Kontrollgruppen, durch die Möglichkeiten der Kontrolle einzelner Einflüsse und Störfaktoren und dadurch auch durch ihre Validität.

Auch **Fallstudien** zählen je nach Ausführung zu den quantitativen Forschungsmethoden. Dabei wird induktiv gearbeitet und somit von beobachteten Einzelfällen auf allgemein gültige Aussagen geschlossen. Durch die Betrachtung von interessanten Einzelfällen sind Fallstudien sehr greifbar und leicht zugänglich dargestellt.[3]

Fragebogenstudien sind dagegen meistens im Einsatz, wenn trotz möglichst kurzer Zeit eine möglichst große Zahl an Befragten ermöglicht werden soll, um viele Daten zu erheben und auszuwerten. Dabei handelt es sich bei den quantitativen Methoden um vollstandardisierte schriftliche Befragungen,

---

[1] Vgl. Mühlfelder (2017b), S. 71-72.
[2] Echterhoff, Hussy, Schreier (2013), S.120.
[3] Vgl. Mühlfelder (2017a), S.31.

wodurch eine anonyme Bearbeitung ohne speziell geschulte Interviewer möglich ist.[4]

Neben den quantitativen Erhebungsverfahren gibt es auch die **qualitativen Methoden**. Diese finden Anwendung bevor überhaupt Theorien bestehen, welche mit den quantitativen Mitteln überprüft werden könnten. Es werden also im Rahmen der Durchführung erst theoretische Hypothesen aufgestellt.[5]

Es folgen beispielhaft drei qualitative Forschungsmethoden und ihre Erläuterung.

Eine gängige Methode stellt das **Leitfadeninterview** dar. Dieses ist ein halbstandardisiertes Interview. Die Fragen werden also während des Gesprächs angepasst an die Teilnehmenden und können in ihrer Reihenfolge variieren, wodurch, wie der Begriff bereits definiert, ein Leitfaden als Rahmen für die Befragung gegeben wird.[6] Diese Methode gehört zur Kategorie der Einzelinterviews. Diese setzen voraus, dass die interviewenden Personen entsprechend geschult werden bezüglich des Inhalts der Studie, aber auch bezüglich der Pflichten und Herausforderungen für den Interviewer, wie unbeabsichtigte Beeinflussungen und somit Veränderungen der Ergebnisse.[7]

Computersimulationen ermöglichen die technische Nachbildung von menschlichem Erleben und dem Verhalten von Menschen in zu untersuchenden Situationen. Computermodelle repräsentieren diese Vorgänge in Form von Netzwerken und generieren auf diese Weise Daten.[8]

Als letztes Beispiel für qualitative Methoden soll in dieser Arbeit noch die **Feldbeobachtung** erläutert werden. Diese ist definiert als „Systematische Verhaltensbeobachtung, wobei der Beobachter entweder in das beobachtete soziale System eindringt (teilnehmende Beobachtung) oder sich abgrenzt (nicht teilnehmende Beobachtung)." [9] Es werden also in der natürlichen Umgebung Verhaltensweisen beobachtet und aufgezeichnet, worauf sich Hypothesen

---

[4] Vgl. Bortz, Döring (2016), S. 398, 405.
[5] Vgl. Mühlfelder (2017b), S. 72-73.
[6] Vgl. Echterhoff, Hussy, Schreier (2013), S. 225.
[7] Vgl. Bortz, Döring (2016), S.379.
[8] Vgl. Methoden der Entwicklungspsychologie - Datenerhebung und Datenauswertung - Simulation (2018), S. 1.
[9] Mühlfelder (2017a), S. 67.

aufbauen lassen.[10]

1.2 Einordnung in das Spektrum interner und externer Validität

Zu Beginn dieses Unterkapitels erfolgt eine Definition der Begrifflichkeiten interne und externe Validität.

Interne Validität bezeichnet die Möglichkeit der Kontrolle von zusätzlichen Variablen der Untersuchung. Die interne Validität ist somit dann besonders hoch, wenn ein eindeutiger Ursache-Wirkungs-Zusammenhang zwischen der abhängigen und der unabhängigen Variablen besteht und somit der Einfluss der Störvariablen weitestgehend ausgeschlossen werden kann.[11]

Externe Validität hingegen bezieht sich darauf, inwieweit Ergebnisse der Forschung auch anwendbar sind auf allgemeine Situationen, also auch außerhalb der Forschung gültig sind.[12] Es geht hierbei also um die Möglichkeit der Verallgemeinerung von Ergebnissen.

Die oben erläuterten Beispiele für Forschungsmethoden in der Psychologie werden nun jeweils hinsichtlich ihrer interner als auch externer Validität betrachtet. Diese Einordnung erfolgt auf Basis der zuvor genannten Erklärungen und Definitionen.

Wie im oberen Kapitel erläutert, gibt es verschiedene Arten von Experimenten, welche sich besonders im Hinblick auf die Validität unterscheiden können. Zur Vereinfachung wird hier nur das **Laborexperiment** betrachtet, welches eine geringe externe Validität und hohe interne Validität aufweist. Dies ist damit zu erklären, dass die Rahmenbedingungen in einem Labor meist sehr geschützt und vor allem geplant und kontrollierbar geschaffen werden, weshalb eine geringe Verallgemeinerung der Ergebnisse im Bezug auf die Rahmenbedingungen außerhalb des Labors bzw. außerhalb des Experiments möglich ist. Durch diese Kontrollmöglichkeiten lassen sich aber gleichzeitig die Einflüsse und auch Störfaktoren sehr präzise lenken und die Ursache-Wirkungsmechanismen

---

[10] Vgl. Nohl, Stevenson, van den Brinck (2009)
[11] Vgl. Mühlfelder (2017b), S. 35.
[12] Vgl. Brosig-Koch, Weimann (2019), S. 30.

zwischen abhängiger und unabhängiger Variable sind meist konkret nachweisbar.

Fallstudien haben den Nachteil sowohl intern als auch extern eine geringe Validität aufzuweisen. Da hierbei Einzelfälle betrachtet werden, sind diese meist nicht generalisierbar und man kann zwar theoretische Verallgemeinerungen anstellen, jedoch sind diese nicht durch die Fallstudie selbst überprüfbar, sondern erfordern weitere Forschungsmethoden zur Prüfung der neuen allgemeinen Hypothese. Auch wird der Fall nur von außen betrachtet und somit ist eine Kontrolle der Einflussfaktoren kaum möglich.

Bei der **Fragebogenstudie und auch bei Leitfadeninterviews** ist die Validität stark abhängig von der Formulierung der Fragen und der Auswahl der Befragten. Hier ist eine Einordnung entsprechend schwer vorzunehmen, generell lässt sich die externe Validität allerdings vor allem bei einer hohen Zahl an Befragten sehr hoch einstufen, da hier aufgrund repräsentativer Befragtengruppen eine Verallgemeinerung der Ergebnisse möglich ist.

Da bei **Computersimulationen** das menschliche Verhalten anhand von Algorithmen dargestellt wird, erschafft man hier ähnlich zum Laborexperiment einen sehr stark kontrollierbaren und geschützten Rahmen, welcher zu einer hohen internen Validität führt. Jedoch ist ein Algorithmus meistens noch nicht verallgemeinernd für das echte und komplexe Verhalten des Menschen anzuwenden. Weshalb die externe Validität sehr gering ist.

Die **teilnehmende Feldbeobachtung** wiederum ist hinsichtlich der externen und der internen Validität niedrig einzustufen. Da der Beobachter hier durch seine Teilnahme an dem zu beobachteten Umfeld immer in irgendeiner Form in das System eingreift und es somit beeinflusst wodurch eine Verallgemeinerung auf andere Situationen kaum möglich ist. Auch können die meisten Faktoren kaum bis gar nicht kontrolliert werden, da es sich bei dieser Methode vorrangig um Beobachtung handelt und eben allein Störfaktoren durch die Teilnahme des Beobachters entstehen.

Im Vergleich hierzu weist die **nicht-teilnehmende Feldbeobachtung** zwar ebenfalls eine geringe interne Validität, aber eine relativ hohe externe Validität auf. Da hier der Beobachter keinen Einfluss nimmt, werden Verhaltensweisen systematisch aufgezeichnet und können mit anderen Feldbeobachtungen verglichen werden, wodurch sich eine Verallgemeinerung der Ergebnisse ermöglichen lässt. Eine Kontrolle der Einflussfaktoren ist auch hier kaum möglich.

2. Aufgabe B2

Wie bereits dargestellt wurde, gibt es viele verschiedene Erhebungsmethoden, welche in der Psychologie Anwendung finden. Dieses Kapitel befasst sich nun mit der genaueren Betrachtung des (Labor-) Experiments und dessen Rolle für die naturwissenschaftliche Psychologie. Die große Bedeutung wird im Weiteren durch den Vergleich mit anderen Forschungsmethoden herausgearbeitet.

2.1 Das psychologische Experiment als „Königsweg" in der naturwissenschaftlich geprägten Psychologie

Das psychologische (Labor-)Experiment gehört in der naturwissenschaftlich geprägten Psychologie und dem Feld der allgemeinen Psychologie zu den führenden Forschungsmethoden.[13]

Diese ist von großer Bedeutung, da somit der Mensch und seine Verhaltensweisen ebenso untersucht werden kann, wie es auch bei bspw. chemischen oder physikalischen Vorgängen oder Naturphänomenen möglich ist. Die Psychologie wird somit seit spätestens dem 19. Und 20. Jahrhundert auch in Bezug auf ihre naturwissenschaftlichen Aspekte erforscht.[14]

Die standardisierte Situation bzw. bewusst erschaffene Rahmenbedingungen sorgen dafür, dass die Einflussfaktoren kontrollierbar sind und somit eine hohe interne Validität möglich ist.

Diese Möglichkeit der genauen Kontrolle und somit auch der Reproduktion von Ergebnissen war auch das Ziel des Psychologen Wilhelm Wundt (1832-1920), welcher die Arbeit mit psychologischen Experimenten durch die Gründung des ersten psychologischen Labors an der Universität Leipzig etablierte, zu sehen auf der folgenden Abbildung.[15]

---

[13] Vgl. Mühlfelder (2017b), S. 13-15.
[14] Vgl. Mühlfelder (2017b), S. 14-15.
[15] Vgl. Mühlfelder (2017b), S. 15-16.

Anmerkung der Redaktion: Abbildung 1 aus urheberrechtlichen Gründen entfernt.

Abb. 1 Wilhelm Wundt (links) und das erste psychologische Labor an der Universität Leipzig[16]

2.2 Nachteile psychologischer Experimente im Vergleich mit anderen sozialwissenschaftlichen Methoden

Auch wenn das psychologische Experiment eine vorherrschende Methode ist, so weist es im Vergleich mit vielen anderen Forschungsmethoden auch Nachteile auf.

Wie in dieser Arbeit schon mehrfach angesprochen, kann man Ergebnisse, welche unter geschaffenen Laborbedingungen im Rahmen eines Experiments generiert wurden, nur schwer auf die allgemeine Situation außerhalb des Labors übertragen. Hier sei allerdings zu erwähnen, dass dies auch bei beispielsweise Feldbeobachtungen nicht immer automatisch gegeben ist.

Außerdem könnten trotz der ausgeprägten Möglichkeiten zur Kontrolle von Störfaktoren und Variablen die Ergebnisse beeinflusst werden durch die beteiligten Versuchspersonen und deren eigene Annahmen oder Einstellungen. Dies lässt sich kaum kontrollieren oder nachweisen.

Nicht für alle Untersuchungen ist ein psychologisches Experiment überhaupt möglich, da eine Voraussetzung meist die nicht kostengünstige Laborausstattung ist oder spezielle Messvorrichtungen benötigt werden, was somit auch ein Nachteil ist im Vergleich zu anderen Methoden.[17] Eine Feldbeobachtung braucht meist deutlich weniger Personal und Equipment.

---

[16] www.lw.uni-leipzig.de
[17] Vgl. Mühlfelder (2017b), S. 102-103.

Als letzter Nachteil der psychologischen Experimente seien die ethischen Bedenken zu erwähnen. Es ist umstritten, ob der Mensch in Form eines Experiments genauer analysiert werden sollte, wobei man immer genau den Ablauf, das Ziel und die Rahmenbedingungen eines Experiments betrachten muss, um sicher zu gehen, dass den Teilnehmenden bspw. kein Schaden zugefügt wird. Auch die Problematik der Aufteilung in verschiedene Untersuchungsgruppen kann zu ethischen Vorbehalten führen. Als Beispiel haben Kontrollgruppen bei Experimenten zur Wirkung von Medikamenten einen Nachteil, da man ihnen das Medikament nicht zur Verfügung stellt und sie somit keine Chance haben von dieser Medikation zu profitieren im Lauf des Experiments selbst wenn sie vielleicht von z.B. einer psychischen Krankheit betroffen sind.[18]

2.3 Vorteile psychologischer Experimente im Vergleich mit anderen sozialwissenschaftlichen Methoden

Den Nachteilen stehen allerdings auf der anderen Seite Vorteile gegenüber, welche aufzeigen, weshalb in vielen Fällen das psychologische (Labor-) Experiment eine geeignete Methode zur Erhebung von Ergebnissen und Daten ist.

Im Vergleich zu anderen Methoden, wie der Feldbeobachtung, ist die zu analysierende Situation nicht bereits vorgegeben. Dadurch ergibt sich die Möglichkeit die Untersuchungsteilnehmer gezielt oder durch Zufallsentscheidung auszuwählen und in Experimental- und Kontrollgruppe aufzuteilen. Man hat hier also bereits nur bei der Festlegung der Teilnehmenden eine größere Bandbreite an Möglichkeiten zur Gestaltung des Experiments.

Des Weiteren ist, wie bereits mehrfach in dieser Arbeit erläutert, in einem Experiment die Analyse von Kausalbeziehungen möglich und vor allem eine sehr genaue Kontrollierbarkeit der Variablen gegeben. So kann eine Auswirkung von Störvariablen nicht nur geplant eingesetzt und betrachtet werden, sondern meist

---

[18] Vgl. Mühlfelder (2017b), S. 73.

auch komplett ausgeschlossen werden, um die genaue Ursache-Wirkung-Beziehung zwischen unabhängiger und abhängiger Variablen zu betrachten.

Diese Planbarkeit und die Erschaffung der Umgebung und Rahmenbedingungen für das Experiment ermöglichen, dass dieses auch mehrere Male durchgeführt werden kann und so auch von anderen Wissenschaftlern die Ergebnisse repliziert werden können. Hier ist also ein deutlicher Unterschied zu beispielsweise der Feldbeobachtung zu sehen, welche nicht unter den genau selben Bedingungen erneut wiederholbar ist. Da eine Feldbeobachtung nicht im Labor, sondern in einer realen Situation stattfindet, würden sich bei jedem Versuch der Wiederholung die Rahmenbedingungen verändern.

Diese Vorteile führen dazu, dass psychologische Experimente gute Voraussetzungen haben die wichtigsten Qualitätskriterien von wissenschaftlicher Arbeit aufzuweisen. Wozu Objektivität, Reliabilität und Validität zählen. Denn das Experiment kann bspw. sehr genau wiederholt werden von anderen Wissenschaftlern zur Überprüfung der Ergebnisse (reliabel) und durch die genaue Planbarkeit des Ablaufs und der Faktoren für das Experiment kann meist auch sichergestellt werden, dass die Untersuchung auch tatsächlich erfasst, was erfasst werden soll (valide).[19]

---

[19] Vgl. Reinhardt (2016), S. 17.

3. Aufgabe B3

Die Psychologie bietet eine Vielzahl von Fachbereichen und Berufsbildern. In dieser Arbeit sollen nun beispielhaft drei Berufe näher erläutert werden, sowie anschließend deren Beziehung zu den psychologischen Grundlagen- und Anwendungsfächern dargestellt werden.

3.1 Erläuterung drei verschiedener Berufsbilder in der Psychologie

Die Tätigkeit als **psychologischer Psychotherapeut** gehört zu den bekannteren Tätigkeitsfeldern in der Psychologie. Die Aufgaben eines Psychotherapeuten beginnen bei der Diagnostik, über Therapie bis zur Rehabilitation von psychischen Störungen. Dies erfolgt in psychotherapeutischen Behandlungen[20], welche durch gesetzlich qualifizierte Psychotherapeuten durchgeführt werden darf. Die gesetzlichen Grundlagen bilden das Psychotherapeutengesetz, sowie seit 2019 auch das Gesetz zur Reform der Psychotherapeutenausbildung.

Als ausgebildeter Psychotherapeut kann man nicht nur in einer eigenen Praxis tätig sein, sondern auch in einer psychiatrischen Einrichtung arbeiten. Dies ermöglicht eine abwechslungsreiche Arbeit mit verschiedenen Menschen und somit auch einem großen Spektrum an Krankheitsbildern. Eine allumfassende Behandlung der Patienten erfordert außerdem die interdisziplinäre Zusammenarbeit mit bspw. Ärzten, Betreuern und Pflegepersonal.[21]

Ein ebenso wichtiger Beruf in der Psychologie ist die Tätigkeit als **Schulpsychologe**. Besonders Eltern legen gesteigerten Wert auf die fachliche Unterstützung der Schüler*innen im Schulalltag.[22]

---

[20] Vgl. Frodl (2018), S. 452.
[21] Vgl. Mendius, Werther (2019), S. 34.
[22] Vgl. Bertelsmann Stiftung (26. August, 2010)

Dabei umfasst die Arbeit im Rahmen der Beratung und Begleitung von Lehrpersonal und Eltern Themen, wie Verhaltensauffälligkeiten, Mobbing, Lernschwierigkeiten, Begabtenförderung, uvm.[23]

Neben der Funktion für Eltern und Lehrkräfte fungieren Schulpsychologen vorrangig als Ansprechpartner für die Lernenden an allen unterschiedlichen Bildungseinrichtungen. In den letzten Jahren wurde die Wichtigkeit dieser Aufgabe und der Bedarf an Vertrauenspersonen in Schulsituationen durch Amokläufe, wie in Winnenden (2009), stark in den Fokus der Öffentlichkeit gerückt. Den ersten Schulpsychologen in Deutschland gab es allerdings schon deutlich früher im Jahr 1922.[24]

Aber nicht nur die Fokussierung auf die Bedürfnisse von Schülern und Schülerinnen, sondern auch das stetig wachsende Angebot an Bildungsanbietern und der Wandel hin zu vielseitigen Bildungsmöglichkeiten und Abschlüssen in Deutschland bietet ein vielfältiges Aufgabengebiet und verschiedene Möglichkeiten für die Arbeit als Schulpsychologe.

In diesem Rahmen sei als letztes Berufsbild in der Psychologiebranche die Tätigkeit in der **Kinder- und Jugendhilfe** zu nennen. In Deutschland wird diese nicht nur durch staatliche, sondern oftmals auch durch kirchliche Organisationen angeboten.[25]

---

[23] Vgl. Fischer & Krause (2014), S. 125.
[24] Dickhäuser und Spinath (2018), S.22.
[25] Vgl. Mühlfelder (2017b), S. 87.

Dabei steht der Schutz des Kindeswohls im Mittelpunkt, die Aufgaben umfassen aber mehrere Bausteine, wie die Entwicklungsförderung, der Abbau von Benachteiligungen, der Erhalt bzw. das Schaffen von kinder- und familienfreundlichen Bedingungen im Lebensraum der jungen Menschen oder, ähnlich der Schulpsychologie, die Beratung von Eltern und Erziehungsberechtigten.[26]

Arbeitsformen	Angebote	Hauptzielgruppen
Familienunterstützende Hilfen	Erziehungsberatung	Eltern mit Kindern aller Altersgruppen
	Sozialpädagogische Familienhilfe	Familien mit jüngeren Kindern
	Soziale Gruppenarbeit	Ältere Kinder und Jugendliche
	Erziehungsbeistände	Ältere Kinder und Jugendliche
Familienergänzende Hilfen	Gemeinsame Wohnformen für Mütter/Väter und Kinder	Alleinerziehende Eltern mit Kindern unter sechs Jahren
	Tagesgruppen	Kinder bis 14 Jahre
	Sozialpädagogische Tagespflege	Kinder im Vor- und Grundschulalter
Familienersetzende/ ergänzende Hilfen	Vollzeitpflege	Insbesondere jüngere Kinder
	Heimerziehung/sonstige Wohnformen	Kinder/Jugendliche/ junge Volljährige
	Intensive sozialpädagogische Einzelbetreuung	Jugendliche und Heranwachsende

Dabei unterscheidet man die Angebote der Kinder- und Jugendhilfe nach ihren Arbeitsformen, was in dieser Abbildung des Bundesministeriums für Familie, Senioren, Frauen und Jugend ersichtlich wird.

Abb. 1 Arbeitsformen, Angebote und Zielgruppen der Kinder- und Jugendhilfe in Deutschland[27]

3.2 Widerspiegelung psychologischer Grundlagen- und Anwendungsfächer in diesen Berufsbildern

Die drei zuvor erläuterten Berufsbilder in der Branche der Psychologie lassen sich den psychologischen Grundlagen- und Anwendungsfächern der Psychologie zuordnen.

Zuerst sollen diese nun in ihrer Gesamtheit aufgeführt werden. So unterscheidet man die Psychologie in ihren Grundlagenfächern in die Allgemeine Psychologie,

---

[26] Vgl. §1 Abs. 3 SGB VIII (Bundessozialgesetz)
[27] Bundesministerium für Familie, Senioren, Frauen und Jugend (2020), S.37.

Differentielle Psychologie, Entwicklungspsychologie, biologische Psychologie und die Sozialpsychologie.

Im Bezug auf die Anwendungsbereiche und –methoden unterscheidet man außerdem die klinische Psychologie, Arbeits- und Organisationspsychologie, Markt- und Werbepsychologie und weitere Anwendungsfächer wie die Rechtspsychologie, Verkehrspsychologie oder Neuropsychologie.[28]

Diesen Disziplinen liegt allen zugrunde, dass Zusammenhänge untersucht werden, um anschließend Handlungsempfehlungen abgeben zu können in den jeweiligen spezifischen Branchen, wie Wirtschaft, Gesundheit, Erziehung oder Therapie.

Betrachtet man bspw. den Beruf der **psychologischen Psychotherapeuten**, so ist das Wissen aus allen Grundlagenfächern von Relevanz. Bei der Diagnostik und Behandlung von Patient*innen müssen diese aus allen möglichen Blickwinkeln betrachtet werden. Dabei gilt es nicht nur die biologischen Faktoren (biologische Psychologie) oder deren Verhalten gegenüber sozialen Kontakten und in der Gesellschaft (Sozialpsychologie) zu betrachten, auch die Entwicklung in Kinder- und Jugendjahren (Entwicklungspsychologie) ist oft aufschlussreich. Als Basis für die Arbeit als Psychologe ist außerdem immer die allgemeine Psychologie zu nennen[29], welche sich grundlegend mit der Sprache, Wahrnehmung, dem Denken und den Emotionen des Menschen auseinandersetzt.[30]

Diese Grundlage wird somit auch für die Aufgaben in der **Schulpsychologie** vorausgesetzt. Zudem wird hier natürlich ein stärkerer Fokus auf die Entwicklungspsychologie gesetzt, da die Arbeit mit jungen Menschen auch bedeutet sich deren Entwicklungsstufen bewusst zu sein und sie darin zu unterstützen und entsprechend zu fördern. Da an Bildungsinstituten immer auch das Verhalten in den Gruppen und Gemeinschaften, wie Klassen oder Kursen, betrachtet werden sollte und nicht nur die Einzelpersonen gesondert zu sehen sind, ist außerdem ein Schwerpunkt auf die Sozialpsychologie zu legen.

---

[28] Vgl. Lautenbacher, Schütz, Wolstein (2011), S. 19-25.
[29] Vgl. Mühlfelder (2017a), S. 25.
[30] Vgl. Müsseler (2011), S.3-10.

Dasselbe lässt sich auch auf die **Kinder- und Jugendhilfe** übertragen, da auch hier mit jungen Menschen gearbeitet wird, welche nie nur als einzelne Person, sondern immer in ihrem Umfeld, sowohl familiär als auch schulisch oder bspw. in Wohngruppen, zu betrachten sind.

Betrachtet man die Anwendungsfächer der Psychologie so lässt sich bei den drei beispielhaft betrachteten Berufen eine Fokussierung auf die Bereiche der pädagogischen und klinischen Psychologie herausarbeiten.

Schulpsychologen und Psychologen in der Kinder- und Jugendhilfe arbeiten mit Kindern und Heranwachsenden, wobei deren Entwicklung bestmöglich unterstützt werden soll. Dies bewirkt die Arbeit in der **pädagogischen Psychologie**, da diese Lehr- und Lernprozesse möglichst optimal gestalten möchte.[31] Dies gilt nicht nur für schulische Situationen, Kindergarten oder die Ausbildung, sondern auch für das Lernen im Alltag und in der persönlichen und familiären Situation. Je nach Situation und Alter des Patienten kann dies somit auch immer für die Aufgaben des Psychotherapeuten nötig sein. Auch Erwachsene befinden sich stetig in Lehr- oder Lernsituationen und müssen diese Prozesse für sich selbst gestalten und verstehen lernen.

Die **klinische Psychologie** hingegen beschäftigt sich mit psychischen Erkrankungen und Störungen, sowie der Therapie und auch Prävention.[32]

Daher ist dieses Anwendungsfach auch vorherrschend in der Arbeit der Psychotherapeuten, bei welchem vor allem die Behandlung von solchen Störungen im Rahmen der Therapie praktiziert wird. Jedoch sollten auch Schulpsychologen und Psychologen in der Kinder- und Jugendhilfe sich grundlegendes Wissen der klinischen Psychologie aneignen. Bei beiden stehen die Verhaltensmuster und vor allem Verhaltensauffälligkeiten von jungen Menschen oder deren Familien im Mittelpunkt, diese können oftmals im Zusammenhang mit psychischen Störungen stehen. Ein Schulpsychologe sollte somit nicht nur diese Verhaltensmuster erkennen können, sondern auch gegebenenfalls rechtzeitig die Notwendigkeit einer Therapie bemerken.

---

[31] Vgl. Gold/Hasselhorn (2016), S. 4-9.
[32] Vgl. Wittchen (2011) S.4-5.

Zusammenfassend lässt sich bereits an diesen drei Beispielen aus den vielfältigen Berufsbildern der Psychologie aufzeigen, dass die Anwendungsfächer sich oftmals nicht genau abgrenzen lassen, sondern in den meisten Bereichen mehrere Methoden und Fächer überschneiden. Dies gilt im Besonderen auch für die Grundlagenfächer der Psychologie, deren Inhalte zur Ausbildung eines jeden Psychologen gehören, da die Zusammenhänge und das Wissen der Fächer den Grundstein legen für jegliche Arbeit in den Spezialisierungen.

Literaturverzeichnis

Bertelsmann Stiftung. (2010). Notwendigkeit Schulsozialarbeiter,
Schulpsychologe. Zitiert nach de.statista.com. Zugriff am 04.05.2020, Verfügbar
unter https://de.statista.com/statistik/daten/studie/164182/umfrage/umfrage-
notwendigkeit-von-schulsozialarbeiter-schulpsychologe/

Bortz, J., Döring, N. (2016). Forschungsmethoden und Evaluation in den Sozial-
und Humanwissenschaften. Unter Mitarbeit von Sandra Pöschl-Günther. 5.
Auflage. Berlin: Springer

Brosig-Koch, J., Weimann, J. (2019). Einführung in die experimentelle
Wirtschaftsforschung. Heidelberg: Springer-Verlag

Bundesministerium für Familie, Senioren, Frauen und Jugend (2020). Kinder-
und Jugendhilfe. Achtes Buch Sozialgesetzbuch, Bundesministerium für
Familie, Senioren, Frauen und Jugend. Zugriff am 04.05.2020, Verfügbar unter
https://www.bundesregierung.de/breg-de/suche/kinder-und-jugendhilfe-728318

Dickhäuser, O., Spinath, B. (2018). Berufsfelder der Pädagogischen
Psychologie. Karrierewege, Kompetenzen, Tätigkeitsschwerpunkte. Berlin,
Heidelberg: Springer

Echterhoff, G., Hussy, W., Schreier, M. (2013). Forschungsmethoden in
Psychologie und Sozialwissenschaften für Bachelor. 2. überarbeitete Auflage.
Berlin, Heidelberg: Springer

Fischer, J., Krause, M. (2014). Berufsfelder für pädagogische Psychologen. In
Mendius, M., Werther, S. (Hrsg.). Faszination Psychologie-Berufsfelder und
Karrierewege. 4. Auflage. S. 125-150. Berlin, Heidelberg: Springer

Frodl, A. (2018). Gesundheitsberufe im Einsatz. Wiesbaden: Springer Gabler

Gold, A., Hasselhorn, M. (2016). Pädagogische Psychologie. Erfolgreiches
Lernen und Lehren. Stuttgart: Kohlhammer

Lautenbacher, S., Schütz, A., Wolstein, J. (2011). Das Studium der Psychologie
und Berufsperspektiven. In: *Brand, M., Lautenbacher, S., Schütz, A., Selg, H.*
(Hrsg.). Psychologie: Eine Einführung in ihre Grundlagen und

Anwendungsfelder. 4. Auflage. Stuttgart: Kohlhammer

Mendius, M., Werther, S. (2019). Faszination Psychologie - Berufsfelder und Karrierewege. 2. Auflage. Berlin, Heidelberg: Springer

Methoden der Entwicklungspsychologie - Datenerhebung und Datenauswertung - Simulation (2018). Zugriff am 04.05.2020, Verfügbar unter http://www.methoden-psychologie.de/computersimulation.html

Mühlfelder, M. (2017a). Psychologie studieren an der SRH Fernhochschule, Titel Nr. 1283-01, 1. Auflage. Studienbrief der SRH Fernhochschule, Riedlingen

Mühlfelder, M. (2017b). Einführung in die Psychologie, Titel Nr. 1253-01, 1. Auflage. Studienbrief der SRH Fernhochschule, Riedlingen

Müsseler, J. (2011). Allgemeine Psychologie. 2. Auflage. Berlin, Heidelberg: Springer

Nohl, A., Stevenson, A., van den Brink, K. (2009). Studienbegleiter Psychologie. Der kompakte Werkzeugkoffer zum Einstieg. 2. Auflage. Heidelberg: Spektrum Akad. Verlag

Ornau, F., Reinhardt, R. (2016). Grundlagen der empirischen Sozialforschung, 3. Auflage. Studienbrief der SRH Fernhochschule, Riedlingen

Porträt Wilhelm Wundt und das erste psychologische Labor an der Universität Leipzig (1902,1908). Zugriff am 04.05.2020, Verfügbar unter https://www.lw.uni-leipzig.de/en/psychologie/startseite/geschichte-des-instituts.html

Wittchen, H. (2011). Klinische Psychologie & Psychotherapie. 2. überarbeitete Auflage. Heidelberg: Springer-Medizin